# J. ROSENBLOOM / D. SAMOILOVICH

## DIBUJOS DE
## SANFORD HOFFMAN

La pequeña gran enciclopedia de los chistes - 2a ed. -
   Buenos Aires : Juegos & Co., 2006.
   256 p. : il. ; 14x11 cm.

   ISBN 950-765-201-9

   1. Libro de Chistes.
   CDD 808.882

Fecha de catalogación: 26/10/2006

Colección "Humor", dirigida por
Daniel Samoilovich y Jaime Poniachik

© 1997, Joseph Rosenbloom

© 1999 Traducción y adaptación, Daniel Samoilovich, con
la colaboración de Isabela Kicherer y Laura Samoilovich

Edición original en inglés publicada por Sterling Publishing
Co., Inc.  con el título *The Little Giant Book of Riddles*.

© 2006, Juegos & Co. S.R.L.
Corrientes 1312, 8º piso
1043 Buenos Aires, Argentina
www.demente.com

I.S.B.N.: 950-765-201-9
ISBN-13: 978-950-765-201-1

Queda hecho el depósito que marca la ley 11.723

# CONTENIDO

# 1. ¡A LA CÁRCEL!

¿Por qué encerraron al reloj en una jaula?
   *Porque sino el tiempo vuela.*


¿Cuántos prisioneros se puede encerrar en una celda vacía?
   *Uno. Después ya no está más vacía.*

¿Qué asesino a sueldo nunca va a la cárcel?
*El desinsectador*

¿En qué se parecen un preso y un astronauta?
*En que los dos están interesados en salir
al espacio exterior.*

¿Por qué Robin Hood les roba a los ricos?
*Porque los pobres no tienen dinero.*

Cuando se cansaron de discutir, los pistoleros se pegaron una ducha ¿por qué?
*Para resolver la cuestión a tiro limpio.*

¿En qué caso lavar es un delito?
*Cuando se lava dinero sucio.*

¿Qué le dijo el comisario al pollo cuando lo arrestó?

*Si intentas escapar, te dejaré frito.*

¿Qué le dijo el sheriff al globo?
   *"Si tratas de escapar, te reviento."*


¿Qué le dijeron los policías a la isla para que se rindiera?
   *"No intentes resistirte; estás rodeada por todas partes."*

¿Por qué es tan difícil mantener en secreto
el robo de un banco?
   *Porque en los bancos lo cuentan todo.*

¿Qué tipo de fiesta prefieren los presos?
   *Las fiestas de despedida.*

¿Qué delito habían cometido en la azotea?
*Colgar a un par de pantalones sin juicio ni jurado.*

¿Qué les pasó a los que robaron un calendario?
*Les dieron doce meses.*

¿Cuál es el juego que menos le gusta al pistolero del Oeste?
*El ahorcado.*

¿Cómo pudo escapar el preso, si la policía había bloqueado todas las salidas de la cárcel?
*No había bloqueado las entradas.*

¿Cuál dirías que es el colmo de un ladrón de pescado?
*Que lo pesquen robando.*

¿Cuál es el colmo de un policía?
*Perder la esposa.*

¿Cuál es colmo de un ladrón de panaderías?
*Que lo atrapen con las manos en la masa.*

12

¿Cuál es el colmo de un ladrón de perfumerías?

*Que lo atrapen in fraganti.*

¿Cuál es la cadena más larga?

*La cadena perpetua.*

¿Qué tipo de pieza musical es la preferida del preso?

*La fuga en sol mayor.*

# 2. POLICÍAS Y LADRONES

¿Cuál es el colmo de un bandido del Oeste?
*Robar un tren, y llevárselo a casa para que jueguen sus hijos.*

¿Cómo se llama al que roba jabón en un campamento?
*Un sucio ladrón.*

¿Cuál es el colmo de un detective?
   *Perder la pista cuando va a patinar.*

¿Qué pasaría si alguien robara todo el mundo?
   *No podría llevarse el botín a casa.*

¿Por qué los delincuentes le temen tanto al pequeño gato?

*Porque es muy veloz con el gatillo.*

¿Cómo se llama el charlatán que anda por ahí con cuarenta ladrones?

*Alí Bla Bla.*

17

¿Quién es el jefe de los cuarenta ladroncitos?

*Alí Bebé.*


¿Por qué no se puede jugar al póquer limpiamente?

*Porque los naipes enjabonados se resbalan de las manos.*

¿Por qué aquellos malvados no podían jugar al póquer?

*Porque no tenían corazones.*

¿Por qué el ladrón se robó un mazo de naipes de póquer?

*Porque oyó decir que tenía muchos diamantes.*

¿Por qué aquel señor se partió la cabeza cuando un mafioso arrojó su sombrero por la ventana?

*Porque lo tenía puesto.*

¿Por qué no enterraron al ladrón en el cementerio de la ciudad?

*Porque no estaba muerto.*

¿Qué se le puede regalar a un hombre que lo tiene todo?

*Una alarma contra robos.*

¿Por qué todos los ladrones salieron del restaurante al mismo tiempo?

*Porque habían terminado de comer.*

Dos ladrones robaron un banco. Decidieron enterrar el dinero que habían robado. Si a dos ladrones les lleva cinco días cavar un agujero, ¿cuántos les llevará cavar medio agujero?

*No existen los medios agujeros.*

¿Por qué el ladrón prefiere robar bancos con aire acondicionado?

*Para tener dinero fresco.*

¿Por qué el asesino prefiere una serpiente antes que un fusil?

*Para matar a sangre fría.*

¿Por qué los delincuentes de Alaska son los más peligrosos?

*Porque matan a sangre fría.*

¿Cuál es la manera más segura de hablar con un delincuente?

*Llamando de larga distancia.*

¿Por qué el delincuente le disparó un balazo al reloj?

*Simplemente estaba matando el tiempo.*

¿Qué le pasó al joven delincuente que se cayó en una mezcladora de cemento?
*Se transformó en un tipo muy duro.*

¿Por qué hay tantos ladrones de relojes?
*Por que escucharon decir que el tiempo es oro.*

¿Cuál es el delincuente más estúpido?

*El que cuando vio un aviso que decía ES-
TOS SON LOS DELINCUENTES MAS
PELIGROSOS DEL PAÍS y no vio su foto,
se presentó a las autoridades a protestar.*

¿Por qué se enloque-
ció el abogado?
*Porque perdió
el juicio.*

¿Por qué nadie tomaba en serio a ese abogado?

*Porque había perdido la muela de juicio.*

¿Por qué el cliente le dijo a su abogado que no hiciera nada más por él?

*Porque quince años de condena le bastaban.*

¿Qué dijo el plátano cuando lo nombraron sheriff?

*"Intenten pisarme y morderán el polvo."*

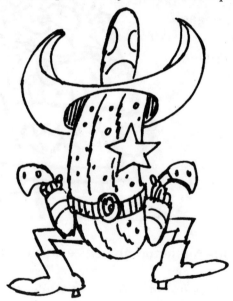

# 3. DE VACAS, VAQUEROS Y OTROS ANIMALILLOS

¿Qué expresión artística prefiere la vaca?
*La múuu-sica.*

¿Cómo puedes saber si tus zapatos son de auténtico cuero de vaca?
  *Si te siguen los terneros.*

Va caminando lentamente, con una mirada aburrida. ¿Quién es?
  *La vaca.*

Entra negra y sale blanca ¿Quién y dónde?
  *Una vaca negra en una tormenta de nieve.*

28

¿Por qué hay tan pocas vacas en la universidad?

*Porque no muchas completan la secundaria.*

¿Por qué la vaca no consigue trabajo?

*Porque no hay más vaca-ntes.*

¿Cuál es la época del año preferida de las vacas?

*Las vaca-ciones.*

¿De donde toma agua la oveja?

*Del beeee-bedero.*

¿Qué pasa si las vacas se ponen a bailar ritmos tropicales?

*Dan leche merengada.*

Hay tres tomates en un plato. Dos están maduros y el otro verde. ¿Cuál es el vaquero?

*El verde. Los otros dos son pieles rojas.*

¿Qué se puede hacer con un vaquero verde?
*Esperar a que madure.*

¿Por qué los vaqueros montan los caballos?
*Porque son demasiado pesados para arrastrarlos.*

¿Qué hizo el vaquero tonto cuando encontró una herradura?

*Empezó a cavar a ver si encontraba el caballo.*

¿Qué sombreros usan los vaqueros en un día de lluvia?

*Sombreros mojados.*

¿Como debe ser una casa por la que vagabundea una manada de búfalos?

*Bastante polvorienta.*

¿Cuál es el largo mínimo que deben tener las patas de un caballo?

*El que le permita llegar hasta el suelo.*

¿Cuál es la principal utilidad del cuero de vaca?
*Impedir que la vaca se desparrame.*


¿Qué tipo de caballos comen y beben con las orejas?
*Todos. Ningún caballo se quita las orejas para comer o beber.*

¿Qué animal tiene cuatro patas y ve igual de mal adelante, atrás y a los lados?
*Un caballo con los ojos cerrados.*

¿Por qué el cowboy ensilló al puercoespín?
*Para no tener que domarlo montado a pelo (o más bien, a espina).*

¿Qué es lo más duro en la doma de un potro salvaje?
*El suelo.*

¿Cómo se puede hacer para que un caballo no se hunda?
*Ponga dos cucharadas de crema, azúcar, un cuarto litro de vodka, medio litro de cerveza, y agregue un caballo: no se hundirá.*

Aquel ranchero quería ir a Hollywood a caballo, pero no le hizo falta ¿por qué?

*Se cayó del caballo y vio todas las estrellas.*

¿Qué es lo que siempre sigue al caballo?

*Su sombra.*

¿Por qué se les ponen herraduras a los caba-llos?

*Para no tener que andar atándoles los cor-dones todo el tiempo.*

¿Por qué es tan difícil reconocer a un caballo mirándolo desde atrás?

*Porque están todo el tiempo agitando la cola.*

¿Qué tipo de perros hay en las pampas sud-americanas?

*Guau-chos.*

¿Qué es lo peor que le puede pasar a un pe-rro con ganas de hacer pis?

*Encontrar todos los árboles ocupados.*

¿Cuándo es más rica la vaca?
*Cuando está hecha hamburguesa y la sirven con patatas fritas.*

¿Qué dijo la pata cuando le dijeron que iba a tener 14 patitos?
*¿Cuá-cuá-cuántos?*

# 4. ¡VIVAN LOS DEPORTES!

¿Por qué nadie quiere jugar béisbol con el cerdo?

*Porque juega muy sucio*

¿Por qué expulsaron a la araña del equipo de fútbol?

*Porque se pasaba el día papando moscas.*

¿Qué tiene cuarenta y seis pies y un silbato?
*Una cancha de fútbol en pleno partido.*

¿Qué dijo la mona coqueta cuando vio a los monos jugando al béisbol?
*"El juego no lo entiendo, pero los jugadores son muy monos."*

¿Por qué el abedul se destacaba en todos los deportes?

*Porque tenía buena madera.*


¿Cuál es el deporte preferido de los electricistas?

*El polo eléctrico.*

¿Cómo se puede hacer para no perder ninguna pelota de tenis?
*No jugar al tenis.*


¿Por qué los dragones juegan bien al béisbol?
*Porque le ponen mucho calor al juego.*

¿Cómo terminó el partido entre el equipo Atlético Patos y el Patos Unidos?

*Empatado.*

¿Por qué el Conde Drácula juega bien al tenis?

*Tiene muy buen remate.*

¿Por qué los peces son tan malos jugando al tenis?

*Porque no les gusta acercarse a la red.*


¿Por qué no quisieron aceptar a ese caballo en el partido de polo?

*Porque era de water-polo.*


¿Qué le pasa a Bruce Lee que no entiende nada?

*Esta kung-fu-so.*


¿Cuál es el deporte que menos se practica en el Ecuador?

*El polo.*


¿Cómo se puede hacer para llegar a la cima del Everest sin cansarse?

*Nacer allí arriba.*

¿Qué perdió Pepe, que corre tanto?
  *El aliento.*


¿Por qué en un restaurante necesitan buenos jugadores de tenis?
  *Para dar un buen servicio.*

¿En qué estilo nada la polilla?
  *Estilo mariposa.*

¿En que se parecen un aficionado a Internet y un jugador de tenis?

*Ninguno de los dos teme acercarse a la red.*

¿Cuál es colmo de un corredor?

*Correr solo y salir segundo.*

Llegó el día de la gran carrera. Pedro era un corredor excelente y salió penúltimo. Carlos era malísimo y salió segundo ¿Cómo pudo ser?

*Corrieron sólo ellos dos.*

¿Cómo empieza una carrera de egoístas?

*"Preparados, listos, ¡yo!"*

¿Cómo empieza una carrera de jazzistas?

*"Preparados, listos, ¡jazz!"*

¿Cómo empieza una carrera de rockeros?

*"Preparados, listos, ¡yeah!*

# 5. CIENCIA LOCA

¿Por qué hacía tantas locuras el viejo robot de lata?

*Porque le faltaba un tornillo.*


¿Qué le dijo la mamá tornillo a su inquieto tornillito?

*"Estás un poco pasado de rosca."*

48

¿Por qué aquel robot no conseguía un puesto oficial?

*Porque le faltaba un buen enchufe.*

¿Por qué aquel robot fue al psicoanalista?

*Porque le daba no sé qué ir al electricista.*

¿Por qué el científico estudia la electricidad?
*Porque quiere mantenerse al corriente de lo que pasa.*

¿Qué se obtiene si se cruza un mono con un jugo de naranja?
*Un orangu-tang.*

¿Qué se obtiene si se cruza una oveja con una berenjena?

*Una beee-renjena.*


¿Cuál es el mejor momento para comprar un termómetro?

*En invierno, cuando bajan.*


¿Qué se obtiene si se cruza un perro guardián con un leopardo?

*¡Un cartero aterrado!*


¿Qué conclusiones pueden sacarse del hecho de que el barómetro caiga?

*Estaba colgado de un clavo mal clavado.*


¿Por qué aquel científico no necesitaba una calculadora de bolsillo?

*Porque sabía exactamente cuántos bolsillos tenía.*

¿Cómo se puede usar un burro para determinar qué tiempo hace?

Paso uno, saque el burro al patio. Paso dos, déjelo ahí diez minutos. Paso tres, hágalo entrar de nuevo. Si está todo mojado, es que llueve.

¿Cómo se puede medir la altura de un edificio con un termómetro?

Paso uno, ate el termómetro al extremo de un hilo. Paso dos, deje caer el hilo desde lo alto del edificio, lentamente, hasta que el termómetro quede apoyado en el piso. Paso tres, mida el hilo.

¿Si un rayo cae sobre una orquesta, sobre quién es más probable que caiga?

*Sobre el director, porque es el que conduce.*

¿Qué diferencia hay entre la electricidad y los relámpagos?

*Por la electricidad hay que pagar.*


¿Qué es azul y hace "hmmmmmm"?

*El azul eléctrico.*


¿Qué le dijo un imán a su novia?

*"Me siento muy atraído por ti."*

El científico ecologista se despertaba siempre a las cinco. Le pareció más barato y ecológico tener un gallo que un despertador. ¿Cuando empezaron los problemas?

*Todo fue bien hasta que quiso apagar el gallo.*

¿Por qué el científico optimista no quería creer en la Ley de la Gravedad?
*Porque le daba un bajón.*

¿Dónde cosechan imanes los científicos?
*En los campos magnéticos.*

¿Qué se obtiene si se cruza un elefante con un canguro?

*Un país lleno de agujeros.*


¿Qué pesa más, un kilo de plomo o uno de plumas?

*Pesan lo mismo, un kilo.*


¿Qué se puede medir sin que tenga largo ni ancho ni espesor?

*La temperatura.*


¿Qué consiguió el científico australiano cuando cruzó un refresco con un osito?

*Una coca-koala.*


El científico inventó un líquido que disolvía todo lo que tocaba. Sin embargo, no pudo vender su invento. ¿Por qué?

*Porque no podía guardar el líquido en ningún lado.*

¿Cuál es la regla más importante de la química?

*Nunca chupes
la cuchara.*

¿Qué hay en el centro de Marte?
*Una letra "R".*

¿Qué diferencia hay entre un exagerado y una bomba H?

*El exagerado hace de un grano de arena una montaña; la bomba H hace de una montaña unos granos de arena.*

¿Qué te hace la bomba atómica?
*Moléculas.*


¿Qué te "hache" la bomba H?
*"Pedachitos."*


¿Qué escribió el
científico en la
tumba del ro-
bot?
*Oxídate
en paz.*

# 6. ¡A LA MESA!

¿Qué se come un león hambriento cuando va al restaurante?
*Al primero que encuentra.*


¿Por qué los hombres tienen boca y las aves tienen pico?
*Para comer.*


¿Por qué aquel vendedor de golosinas era un fracaso?
*Porque vivía amargado.*

¿Cuántos po-
llos hacen falta
para servir a
diez personas?

Los pollos no son
muy hábiles para servir. Mejor que lo ha-
gan los camareros.

¿Por qué el militar comió la ensalada y dejó el pollo asado?

*Porque lo que le gustaba era la guarnición.*


¿Qué le pasa a una persona que se traga una cucharita?

*No puede revolver el café.*

¿Por qué, si tenía tanta hambre, el hombre sólo tomó un café?

*Porque era un restaurante de comida demasiado rápida.*

¿Por qué el mono tonto comía la banana con cáscara?

*Porque igual ya sabía lo que había adentro.*

¿Cuáles son los pasajes de avión preferidos de las cocineras?

*Los de vuelta y vuelta.*

¿Qué le dijo el caníbal al explorador?

*"Es un gusto conocerlo."*

¿Qué comen los caníbales vegetarianos?

*Botánicos.*

¿Qué comen los conejos caníbales?

*Cazador a la coneja.*

¿Qué hizo el mono después de comer y emborracharse?

*Durmió la mona.*

¿Cuál es la bebida preferida de los plantígrados?

*La gase-osa.*

64

¿Por qué el niño llorón era buen cocinero?
*Porque hacía pucheros por cualquier cosa.*

¿Cómo se hace un sandwich de elefante?
*Antes que nada, conseguir dos rodajas de pan bien bien grandes...*

¿Es bueno el pollo asado para la salud?
> *Si eres un pollo, no te conviene. Podrías acalorarte.*

¿Es buena la dieta del jabalí?
> *Si no eres un jabalí, mejor no la pruebes.*

¿Por qué los pollos no suelen tener dinero?
> *Porque los despluman.*

¿Qué tiene patas y no camina, tiene comida y no come?

*La mesa.*

¿Cuál es el colmo de un cocinero?

*No saber bailar salsa.*

¿Qué comen los que todavía no nacieron?

*Pizza precocinada.*

¿Quién es rojo, redondo y toma té?

*El tomate.*

¿Por qué el campesino les decía piropos a las remolachas?

*Para que se pusieran bien coloradas.*

¿Cuál es la mejor manera de hablar con un plato de arroz?

*Ir al grano.*

¿Cuál es la pizza que más engorda?
*La que tiene ancho-as.*

¿Cómo hacen en el Caribe fideos dulces?
*En vez de salsa, les ponen merengue.*

## ¡Cómo me Gustan las Hamburguesas!

¿Por qué las hamburguesas no cantan a gritos?

*Tratan de no llamar la atención; hay demasiada gente con buen apetito por ahí.*

¿Por qué las hamburguesas no bailan cha cha cha?

*Úntate con ketchup y mostaza todo el cuerpo; ponte entre dos panes; verás qué pocas ganas te quedan de bailar cha cha cha.*

¿Qué música les gusta a las hamburguesas jóvenes?

*El rock´n roll, como a casi todas las jóvenes alemanas.*

¿Es buena idea comer hamburguesas con el estómago vacío?

*No, mejor comerlas con ketchup o mostaza.*

¿Qué le dijo una sardina a las otras de la lata?

*"Muévanse un poco, que al fondo hay lugar."*

— Mamá, yo quiero ser un niño esquimal.

— ¿Por qué, hijito?

—Así, en vez de darme una copa de leche en la escuela me darán una copa de helado.

— Mamá, adivina qué es lo peor que me dan en el comedor de la escuela.

— ¿Qué es?

— La comida.

¿Qué es lo mejor para comer en la bañera?
*Un bizcocho esponjoso.*

¿Cuál es el postre favorito del librero?
*El mil-hojas.*

¿Qué le dijo la cucharita a la gelatina?
*"Ya estás temblando y todavía no te hice nada."*

¿Cuál es colmo de una repostera?
*Hacer flan con la yema de los dedos.*

¿Qué tiene cuatro patas y un montón de alas?
*Una mesa de picnic.*

¿Cuál es el helado al que le gusta el rock?
*El ado-lescente.*

¿Cuál es el helado con gusto a tierra?
*El ado-be.*

¿Cuál es el helado más duro?
*El ado-quín.*

¿Por qué el pepinillo en conserva estaba de tan mal humor?
*Se le había avinagrado el caracter.*

¿Por qué el pepinillo en conserva estaba tan serio y concentrado?

*Porque estaba enfrascado en sus pensamientos.*

¿Cuál es el postre preferido del goloso?

*El más grande.*

# 7. ¡LLEGARON LAS VACACIONES!

¿Por qué la "V" es la mejor letra del alfabeto?

*Porque así empiezan las Vacaciones.*

¿Por qué las campanas no toman vacaciones en la playa?

*No necesitan broncearse.*

¿Por qué los dinosaurios prefieren bañarse en el mar?

*Porque las piscinas les quedan apretadas.*

¿Qué es blanco y negro y no le gusta que le rocen la espalda?

*Una cebra recién llegada de la playa.*

¿A dónde van los gatos cuando quieren unas vacaciones con mucha acción?

*A las Islas Canarias.*

¿A dónde se fue de vacaciones la rana?
   *A Cro-acia.*


¿Cuál es la libreta que dice adónde se puede
ir de vacaciones?
   *La de cheques.*


¿Cuál es el peor lugar para que un queso vaya
de vacaciones?
   *Bocarratón (En la Florida).*

¿Por qué cuando el Sr. Tontón fue a París por quince días no salió ni uno solo de su cuarto de hotel?

*Porque le había costado tan caro que quería aprovecharlo bien.*

¿Qué es más pesado en verano que en invierno?

*El tráfico hacia la playa.*

¿Por qué no son baratos los pasajes de avión?
*Porque están por las nubes.*


¿A dónde va Lassie de vacaciones?
*A Collie-fornia.*


¿A dónde va de vacaciones el egoísta?
*A mí-a-mí (A Miami).*


¿A dónde va de vacaciones el jugador?
*A Ghana.*


¿Qué pide el borracho en vacaciones?
*¡Otro Cuba Libre!*


¿Cuál es el colmo de las vacaciones?
*Vacaciones en Esto-colmo.*

¿Cuándo es más probable que uno sueñe que está de vacaciones?
*Cuando duerme.*

¿Qué es lo más horrible que suele haber en la cocina del campamento?
*La comida.*

¿Es fácil hacer fuego con un palito?
*Si ese palito es un fósforo, sí.*

¿Qué le dijo el papá pulpo al pulpito impaciente?

*Despacio, que sólo tengo ocho brazos.*

¿Cómo se le dice a un señor de pelo verde con una gran nariz roja que toma un avión de París a Roma?

*Pasajero.*

¿Cómo se puede hacer para que un ratón vuele?

*Comprarle un billete de avión.*

Si uno ve algo grande y peludo que vuela a 1.600 kilómetros por hora ¿qué es?
*Un King-Kongcorde.*

¿Por qué es improbable que acepten a un elefante en un vuelo regular?
*Porque no puede acomodar su trompa debajo del asiento.*

¿Cómo le gusta viajar a la familia Lobo?
*En g-lobo.*

¿Cuál es el can que se puede dejar cuidando la casa en vacaciones, sin preocuparse por quién le va a dar de comer?

*El can-dado.*

¿Cómo viajan las brújulas?

*En sus escóbulas.*

Superman salió de su cuartel general y vio un oso ¿De qué color era?

*Blanco (el cuartel general de Superman está en el Polo Norte).*


¿Qué pasa si atraviesas la línea del Ecuador a nado?

*Te mojas.*


¿Por qué el tonto se abanicaba con un serrucho?

*Porque le gustaban los aires de la sierra.*


Dos acampantes jugaban al ajedrez. Jugaron cinco partidas y cada uno de ellos ganó el mismo número de partidas. ¿Cómo pudo ser?

*No jugaban entre ellos, sino con otras personas.*

¿Cuál es el medio de transporte preferido de los robots?

*Los ro-botes a remos.*

# 8. ¿QUÉ HAY DE NUEVO, VIEJO?

¿Cuál es la diferencia entre un churro y un león?

*No parece buena idea mojar al león en el chocolate.*

¿Qué se vuelve más grande cuanto más le quitan?

*El pozo.*

¿Qué es dulce y marrón y tiene rabo?
   *El conejo de Pascua.*


¿Como festejan los osos franceses su día de la patria?
   *Cantando la "Marsellosa".*

¿Qué le dijo el queso gruyère a su novia gruyère?

*"Vayamos de campamento, que necesitamos un poco de aire."*

¿Qué le dijo la vaca al toro?

*"Te quiero muuu-cho."*

90

¿Cuál es la ciudad más explosiva del mundo?
   *Granada.*

¿Qué decía el hijo de una rana y un reloj?
   *"Cric-crac-cric-crac."*

¿Con qué disparaba sus flechas el indio músico?
   *Con el arco del violín.*

¿Qué es peor que ver un ratoncito mordiendo tus zapatillas?
   *Ver a tus zapatillas mordiendo a un ratoncito.*

¿Cuántos tontos hacen falta para enroscar una bombilla de luz?

*Tres. Uno se sube a una escalera y los otros dos la hacen girar.*

¿Por qué la adolescente, que siempre hablaba tres horas por teléfono, esa vez habló sólo una?

*Porque se había equivocado.*

Después de caer diez pisos, el huevo estaba perfectamente entero ¿Cómo pudo ser?

*Lo tiraron del piso 11.*

¿Qué es blanco y marrón y lleva ruedas?

*Un caballo blanco y marrón arrastrando un carro.*

¿Por qué a los geólogos les gusta el ajedrez?

*Por el enroque.*

¿Quién tiene orejas de conejo, rabo de conejo, aspecto de conejo y no es conejo?
  *La coneja.*

93

¿Qué hacen los hijos del geólogo?
  *Son rockeros.*

¿Por qué los gansos viajan en avión?
*Porque no quieren viajar a pata.*


¿Cómo promocionaba aquella zapatería sus productos?
*"Si compra un zapato, le regalamos el otro."*

¿Qué negocio está buscando el manco?
*El de segunda mano.*

¿Quién se muere si no le echan una mano?
*El trapecista.*

¿Cuál es el producto más apreciado en el mercado de las pulgas?
*Los perros muy peludos. Toda pulga sueña con comprarse uno para ella sola.*

¿Cuál es el colmo de un banquero?
*Sentarse en una banca rota.*

¿Cual es el colmo de un aburrido?
*Divertirse sacando la basura.*

¿Cuál es el colmo de un florista?
*Que la esposa se llame Violeta, la tía Rosa, la hija Azucena y la prima Margarita.*

¿Por qué los esqueletos son malos soldados?
*No pueden hacer cuerpo a tierra.*

¿Por qué el león de la Metro ruge tres veces?
*Imagínense lo que pasaría si rugiera 700 veces: la película nunca empezaría y la gente protestaría mucho.*

¿Qué cosa hay que cuidar si uno quiere comer patas de rana?

*Que estén separadas de la rana.*

¿Qué cosa no pesa nada, mide muy poco, no es infecciosa y puede matar a cientos de una sola vez?

*Un agujero en un barco.*

¿Quién tiene rejas y no es jaula, botones y no es camisa?

*El ascensor.*

¿Cual es el papá más tonto?

*El papa-natas.*

¿Qué es lo que hace que el mes de mayo sea más grande?

*La letra r (lo hace mayo-r)*

¿En qué departamento vive el ciego?

*En el 9ºB (en el no-ve-no-ve)*

¿Qué es lo peor que le puede pasar a un se-rrucho?

*Que le empiecen a doler los dientes.*

¿Qué le pasa al alumno desmemoriado cuando empieza a acordarse de la respuesta?
*Se olvidó de la pregunta.*

¿Cómo se sabe que una niña está creciendo?
*Cuando pregunta de dónde viene, es pequeña; cuando no quiere decir adónde va, es que creció.*

¿Cómo sabía la hora el violinista sin necesidad de mirar su reloj?
*Cuando del apartamento de al lado, el de arriba y el de abajo empezaban a gritarle que dejara de tocar, sabía que ya era más de medianoche.*

# 9. DE REGRESO A LA NATURALEZA

¿Qué pesa menos, el sol o la tierra?
*El sol, porque se levanta cada mañana.*


¿Quién es mayor, el sol o la luna?
*La luna, porque sale de noche.*


¿Cuántas sogas hacen falta para unir la Luna con la Tierra?
*Con una es suficiente, siempre que sea lo bastante larga.*

¿Cuándo es más pesada la luna?
*En luna llena.*


¿Qué cosa, por más que corra, nunca se queda sin aliento?
*El agua.*

¿Qué es mejor que una luciérnaga muy inteligente?

*Una muy brillante.*

¿Qué diferencia hay entre el Polo Norte y el Polo Sur?

*Toda la diferencia del mundo.*

¿Cuándo el tiempo es malísimo, aunque no llueva ni haga frío?

*Cuando estás muy abrigado y hay sol brillante y 35 grados a la sombra, ascendiendo.*

¿Qué hace "Raya-punto-punto-cruá, raya-raya-punto-cruá"?

*Una rana transmitiendo en morse.*

¿Cuántas estrellas hay en el cielo?

*Sin-cuenta.*

¿Por qué es tan difícil charlar con una piedra?

*Por qué son muy duras de oído.*

¿Por qué es tan aburrida la charla de un mono?

*Porque es mono-temática.*

¿Quién usa una capa azul a rayas, vuela en la noche y está desesperado por chupar sangre?
*Un mosquito con una capa azul a rayas.*

¿Cual es la última letra de las letras?
*La s. ("Las letras")*

¿Cuál es el palo que vuela más lejos?
*El palo-mo.*

¿Qué palabras prefiere el mono?
*Los mono-sílabos.*

¿Qué celebran los bisontes cada vez que cumplen doscientos años?

*Un bisonte-nario.*

¿Qué celebran las gallinas cuando cumplen doscientos años?

*Ninguna gallina cumple doscientos años.*

¿Qué animal empieza con ele y termina con te?

*El elefante.*

Un boy-scout trepó un pino altísimo para conseguir algunas bellotas. Lo intentó durante toda la mañana pero no consiguió ninguna ¿Por qué?

*Los pinos no dan bellotas.*

¿Por qué los lobos aúllan a la Luna?
*Porque Júpiter está demasiado lejos.*

¿Por qué zumban las abejas?
*Porque no saben hablar.*

¿Por qué los búhos emiten su llamada por la noche?
*Porque las tarifas son más baratas.*

¿Donde se cortan el pelo las ovejas?
*En el salón de beee-lleza.*

¿Cuál es el perro favorito de los gordos?
*El perro salchicha.*


¿Cuál es el perro favorito de Hamlet?
*El Gran Danés.*


¿Cuál es el perro favorito de los luchadores?
*El boxer.*


¿Cuál es el perro favorito de los gatos?
*El que está más lejos.*


¿Cuál es el canal de cable preferido de los perros?
*El Fox-Terrier Channel.*


¿Qué le dijo una pulga a la otra?
*"¿Qué te parece? ¿Vamos caminando o tomamos un perro?"*

¿Cómo se puede atrapar a una ardilla?
*Disfrazándose de nuez y trepándose a un árbol.*

¿Por qué el Sol está tan alto?
*Para que los aviones no se choquen con él.*

¿Qué animal tiene los pies en la cabeza?
*El piojo.*

# 10. Pajaritos y Pajarracos

¿Qué tiene piel por afuera y plumas adentro?
*Una gallina con un abrigo de piel.*

¿Cuál es la gallina más difícil de desplumar?
*La que está viva.*


¿Qué animal canta OÍP, OÍP?
*Un pajarito volando para atrás.*


¿Por qué una gallina negra es más inteligente que una blanca?
*Porque una gallina negra puede poner huevos blancos, pero una gallina blanca es incapaz de poner huevos negros.*


¿Quién tiene que romper su casita para salir de ella?
*El pollito.*


¿Qué parte del pollo tiene más plumas?
*La parte de afuera.*

¿Por qué un gallo buceador tiene que ser va-
liente?

*Para que no digan que es un gallina.*

¿Cual es el ave que da una especie de nueces?

*El ave-llano.*

¿Cuál es el ave que tiene dos alas y seis patas?

*El abe-jorro*

# 11. LA SALUD ES LO PRIMERO

¿Qué doctor trata a sus pacientes como animales?

*El veterinario.*


¿Cuál es el colmo de un veterinario?

*Poner en la puerta de su negocio un cartel que dice "Prohibido el ingreso con animales".*

¿Por qué el perro fue a ver al dentista?
  *Porque oyó decir que curaba a los caninos.*

¿Qué hay que darle a un elefante si se resfría?
  *Mucho espacio.*

¿Qué es peor que un elefante con dolor de oídos?

*Una jirafa con dolor de garganta.*

¿Qué doctor le recomendaron al peine que fuera a ver una vez al año?

*Al dentista; al fin de cuentas, era poco probable que tuviera problemas de hígado.*

¿Por qué los médicos usan mascarillas durante las operaciones?

*Por si cometen un error, para que nadie sepa quién fue.*

¿Cuáles son las estatuas que corren más peligro de resfriarse?

*Las que están al aire libre; en las casas y los museos, el único problema puede ser el exceso de aire acondicionado.*

¿Qué cosa azul, amarilla y con pintas rojas puede ser útil tener durante una gripe?

*Un pañuelo azul, amarillo y con pintas rojas (si no consigues algún color más discreto).*

¿De qué enfermedad no se puede hablar hasta que no se cura?

*De la laringitis.*

¿Qué pescaron los pescadores después de pasar dos horas bajo la lluvia?
   *Una gripe.*

¿Qué le dijo al doctor la estrella fugaz?
   *"Doctor, me siento bastante caída."*

¿Qué le dijo al doctor la botella de agua?
   *"Doctor, tengo gota."*

¿Cuál es el colmo de una enfermera?
*Ponerle una venda al café cortado.*

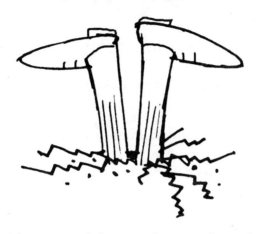

¿Qué hace un piojo cuando se enferma?
*Va al pi-oculista.*

¿Qué diferencia hay entre una montaña y una píldora?
*A la montaña es difícil subir; la píldora, es difícil que baje.*

¿Por qué al leñador le costaba tanto levantarse?

*Porque dormía como un tronco.*

¿Qué juego es peligroso para la salud mental?

*El yo-yo, si uno se lo da en la cabeza.*

¿Qué tipo de medicamento le dan a los astronautas?

*Cápsulas espaciales.*

¿Por qué el enfermo tonto saltaba y saltaba aferrando su jarabe en las manos?

*Porque la etiqueta decía "Agítese antes de usar".*

¿Por qué el enfermo tonto chupaba clavos?

*Porque el médico le dijo que le faltaba hierro.*

126

¿Por qué el tonto fue a la playa con un pararrayos?

*Para evitar los rayos ultravioletas.*

¿Cuánto tiene que pagar el elefante al psicoanalista?

*Cien dólares por cincuenta minutos de tratamiento y seiscientos por el diván.*

¿Por qué fue al médico el globo aerostático?
*Tenía baja la presión.*

¿Por qué el arquitecto fue a ver al médico?
*Porque tenía pies planos.*

128

¿Por qué el pato fue al médico?
*Para averiguar su pato-logía.*

¿Por qué el botánico fue a ver al médico?
*Le dolían las plantas.*

¿Por qué fue el caballo al médico?
*Tenía una gripe galopante.*

¿Por qué el matemático fue a ver al médico?
*Tenía cálculos en los riñones.*


¿Por qué el detective fue a ver al médico?
*Porque tenía un lunar muy sospechoso.*


¿Qué cirujano se derrite si se acerca mucho al fuego?
*El plástico.*


¿Qué vuela en una escoba y lleva un maletín con medicinas e instrumental?
*Una bruja médica.*


¿Cuál es la diferencia entre un cirujano y una modista?
*Ella corta vestidos; él corta gente.*


¿Qué le dijo el ojo a la oculista?
*"Me alegra verla bien."*

# 12. ¡QUE TE MEJORES!

¿Cuál es el colmo del dolor de dientes?
*El dolor de colmillos de un elefante.*

¿Cuál es el colmo de un dentista?
*Sacarle los dientes al ajo.*

¿Cuál es el colmo de un médico?
*Que la esposa se llame Dolores y la hija Remedios.*

¿Qué le pasaba a la gallina cuando tenía frío?
*Se le ponía piel de persona.*

## ¿POR QUÉ FUERON AL PSICOANALISTA?

¿Por qué el caldo fue a ver al psicoanalista?
*Le costaba mucho concentrarse.*

¿Por qué el boxeador fue a ver al psicoanalista?
*Porque tenía una lucha interna.*

¿Por qué el policía fue a ver al psicoanalista?
*Porque sospechaba de todos, incluso de sí
mismo.*

¿Qué le dijo la etiqueta al psicoanalista?
*"Doctor, todos me pegan."*

Recién llegado a la playa, se quedó dos horas tirado panza arriba, sin bronceador, y no se puso rojo ¿Por qué?

*Era de noche.*

134

## ¿Por Qué Fueron al Psicoanalista?

¿Por qué el libro de matemáticas fue a ver al psicoanalista?
*Tenía demasiados problemas.*

¿Por qué el cero fue a ver al psicoanalista?
*Porque a veces le parecía que no lo tenían en cuenta.*

¿Por qué Caperucita Roja fue al psicoanalista?
*Porque a veces le daba mucho miedo su abuelita.*

¿Por qué al neumático le prohibieron comer con sal?

*Porque tenía la presión muy alta.*

¿Qué tipo de chocolate no engorda nada?

*El que uno no come.*

¿Qué se puede esperar de un médico si se transforma en vampiro?

*Más análisis de sangre que nunca.*

¿Qué problema médico ayuda a correr más rápido?

*El pie de atleta.*


¿Cuánto conviene caminar antes de acostarse?

*Todo lo que haga falta para llegar a la cama.*


¿Qué dice el cartel en la zona del hospital de perros?

*"Respete a los enfermos, ladre en voz baja."*

¿En qué llega más gente al hospital?
   *En-ferma.*


¿Cuál es el mejor remedio para la picazón?
   *Rascarse.*

138

¿Por qué el reuma es tan traicionero?
*Porque ataca por la espalda.*

¿Cuál es la razón más frecuente por la cual la gente permanece acostada en la cama del hospital?
*Porque no puede levantarse.*

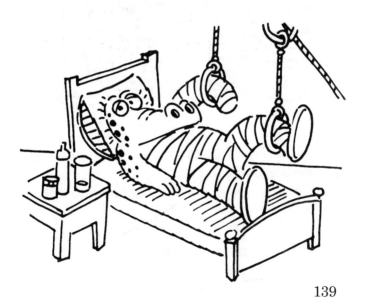

¿Por qué hay tantas momias con problemas de presión sanguínea?

*Porque tienen las tiras demasiado apretadas.*

¿Qué le dijo un virus a otro?

*"De solo verte me enfermo."*

¿Por qué la lechucita fue a ver al médico?
*Pasaba despierta todo el día, y a la noche no se podía levantar.*

¿Qué enfermedad mental sufre Santa Claus?
*Claus-trofobia.*

# ¡CONSEGUÍ EL TÍTULO!

¿Cuándo se gradúan más médicos en la Universidad?

*En doc-tubre.*

¿Cuánto tiempo deben los médicos practicar la medicina?

*Hasta que les sale bien.*

¿Por qué ese doctor no podía ejercer la medicina?

*Porque era doctor en filosofía.*

¿Qué expresión tiene 13 letras, empieza con "A", termina con "A", y significa un dolor muy agudo?

"¡¡¡¡¡¡AYAYAYAYAYAYA!!!!!"

¿Qué tenía el enfermo que no podía comer ni dormir?

*Sueño y hambre.*

¿Por qué Guillermo Tell fue a ver al médico?

*Porque tenía el arco vencido.*

# 13. GOLPE A GOLPE

¿Qué quedó de la gallina después de la pelea?

*Medio pollo deshuesado.*

¿Como quedó el tomate después de la pelea?
*Hecho puré.*

¿Usted le pegaría a una mujer con un niño?
*No, le pegaría con un ladrillo.*

En la puerta de la escuela decía:

**POR FAVOR, GOLPEE
DESPUÉS DE ENTRAR**

¿Qué clase de escuela era?
*Una escuela de karate.*

¿Para qué usa el experto en karate un cinturón negro?
*Para cerrar su chaqueta.*

¿Qué cara hay que tener para que no te rompan la cara?

*Kara-te.*

¿Qué es lo peor que le puede pasar a un karateca cinturón negro?

*Que el cinturón se le ponga pálido de miedo.*

¿Qué karateca usa el cinturón más largo?
*El más gordo.*

El boxeador estaba en la lona, casi muerto.
¿Qué le contaron que lo hizo levantarse?
*Le contaron hasta nueve.*

¿Por qué las ovejas les gustan las naranjas?
*Por la vitamina BEEE.*


¿Donde se sienta un poderoso boxeador de peso pesado, de 150 kilos, cuando sube al autobús?
*Donde le da la gana.*

¿Por qué la rana dijo MIAU?
   *Estaba aprendiendo una lengua extran-
   jera.*

¿Quién es el mejor combatiente marino?
   *El pez espada.*

¿Por qué los años son miedosos?
*Porque arrugan.*


¿Por qué el sol es miedoso?
*Porque todas las tardes se esconde.*


¿Cómo fue caratulada la muerte de un mafioso que murió acribillado?
*"Muerte natural."*


¿Cómo quedo el cucharón después de los balazos?
*Hecho un colador.*


¿Cómo se puede hacer que una canción sea
más pegadiza?
*Dándole lecciones de boxeo.*

¿Cómo se sentía el gordo aquel al que lo habían atravesado con seis balazos?

*Menos pesado.*

# 14. Sufriendo al aire libre

¿Por qué no se puede leerles novelas largas a las cabras?

*Porque se saltan capítulos.*

¿Por qué es peligroso tocarle música aburrida a un león?

*Porque no sería bueno que empiece a mi-
rarte fijo pensando que comerte puede ser
divertido.*

¿Por qué es peligroso leerle novelas de terror a un oso?

*Porque podría asustarse mucho mucho y abrazarte fuerte fuerte...*

¿Por qué los mosquitos pican a la gente al anochecer?

*Porque les gusta tomarse un traguito antes de ir a dormir.*

¿Cuándo son más molestos los mosquitos?

*Cuando te pican.*

¿Qué trabajo consiguió el mosquito en Las Vegas?

*Contar chistes picantes.*

¿Qué pasa si te pica una araña grande como un caballo?

*Puedes ir al galope al hospital.*

¿Qué le dijo el Conde Drácula a un mosquito que estaba tratando de picarlo?

*"¡Respeta a los mayores!"*

¿Qué tipo de temperamento tiene Drácula?

*Muy sanguíneo.*

¿Por qué las vacas duermen en establos?

*Porque no caben en la jaula del canario.*

¿Cómo queda tu papá si la lluvia lo sorprende en medio del campo y sin paraguas?
*Empapado.*

¿Como se siente una hormiga después de que un gordo de cien kilos le da un pisotón?
*No siente nada más.*

¿Cuál es colmo de una hormiga?
*Contratar un transporte para que le lleve las hojas y los palitos.*

158

¿Qué animal necesita un cascanueces?
*Una ardilla desdentada.*

¿Por qué la pequeña luciérnaga hacía tan rápido sus tareas?

*Porque era muy brillante.*

¿Qué le dijo la luciérnaga a su novio?

*"Estoy encendida de amor por ti."*

160

¿Qué le dijo la luciérnaga a la linterna?
   *"¡Exagerada! ¡Exhibicionista!"*

¿Qué le preguntó una linterna a otra?
   *"¿Cuál es tu nombre de pila?"*

¿Por qué a los cachorros les gusta ir de campamento?
   *Porque preparan una comida de perros.*

¿Cuál es el colmo de un jardinero?
*Que la novia lo deje plantado.*

¿Por qué el podador no podía terminar su trabajo?

*Porque se iba por las ramas.*

¿Qué le pasa a un pájaro carpintero sin pico cuando trata de picotear un tronco?

*Le da dolor de cabeza.*

Un caballo estaba atado con una soga de cinco metros, pero caminó diez ¿Cómo hizo?

*El otro extremo de la soga estaba suelto.*

¿Qué es peor que encontrarse con una serpiente en la cama?

*Encontrarse con dos serpientes.*

¿Qué es peor que encontrar un gusano en la manzana que uno está comiendo?

*Encontrar medio gusano.*

¿Por qué a las brujas no les gusta ir de campamento?

*Porque no tienen donde guardar las escobas.*

¿Qué distancia hay que mantener con un caníbal?

*Toda la que se pueda.*

¿Qué tienen las yeguas que ningún otro animal tiene?

*Potrillos.*

¿Por qué aquel animalito olía tan mal?

*Porque tenía la nariz tapada.*

¿Qué se obtiene si se cruza un pescado podrido con un bumerán?

*Un perfume que no te abandona.*


¿Qué se obtiene si se cruza un pescado podrido con un osito?

*Winnie the Puajjj.*


¿Qué se obtiene si se cruza un osito con una vaca?

*Winnie the Muuuu.*


¿Qué defecto tenían esos prismáticos?

*Costaban un ojo de la cara.*


¿Cómo se hace para llevar un vaso lleno de una punta a la otra de un parque sin derramar una sola gota de agua?

*Llenarlo con leche.*

¿Por qué el niñito puso un sapo en la cama
de su hermana?

*Porque no pudo encontrar una serpiente.*


¿Por qué el niñito le rompió un banquito en
la cabeza a su hermana?

*Porque no podía levantar la mesa.*

# 15. ¡AL AGUA, PATOS!

¿Qué es lo que no conviene hacer con el agua de una piscina donde se enseña a nadar a los bebés?

*Beberla.*

¿A donde va el barco perdido?
*A la deri-va.*

¿Qué dijo el océano, antes de llevarse al fondo a la pequeña barca?
*"Quisiera conocerte mejor. Hasta ahora lo nuestro ha sido muy superficial."*

¿Qué dijo el océano, antes de tragarse un portaaviones?

"Espero que este bocadito no me caiga pesado."

¿Por qué el martín pescador no pudo ir a pescar?

Porque sus hijitos le comieron todas las lombrices.

¿Cómo puede hacer un gusano para pescar?
Engancharse en el anzuelo de una caña.

170

Cuando ella vio un enorme tiburón que se le acercaba no sintió ningún temor ¿por qué?

*Ella era un enorme hembra de tiburón.*

¿Qué es peor que ver las aletas de un tiburón de cerca?

*Ver sus dientes.*

¿Cómo llaman los tiburones del Caribe a los náufragos?

*No los llaman. Se les acercan en silencio.*

¿Cómo llaman los náufragos a los tiburones del Caribe?

*No los llaman. Los tiburones vienen solos.*

¿Cómo se puede atrapar un pescado con la mano?

*Es fácil. Atrapar un pez es más difícil.*

171

¿Qué es más rápido que un pez?
  *El que lo pesca.*

¿Cómo se puede uno comunicar con un pez?
  *Usando la línea directa.*

¿Donde van a nadar las momias?
  *Al Mar Muerto.*

172

¿Cuál es el peor mar para nadar?
   *El mar-mol.*


¿Donde van a nadar los fantasmas?
   *A los espejismos.*


¿Por qué hay puentes sobre el agua?
   *Así la gente no anda pisando a los peces.*


¿Cuál es el agua preferida de los montañistas?
   *El Aconc-agua.*


¿Cual es el agua que más molesta a los excursionistas?
   *El agua-cero.*


¿Qué cosa puede pasar a través del agua sin mojarse?
   *Un rayo de luz.*

173

¿Qué pasa si un montón de ladrones se tiran a la piscina al mismo tiempo?
*Hay una ola criminal.*

¿Qué bancos jamás sufren un asalto?
*Los bancos de arena.*

¿Qué es lo más parecido que hay a una gota de agua?

*Otra gota de agua.*

¿Si un elefante se cae al agua, como sale?

*Mojado.*

¿Cuál es la diferencia entre una tabla de skate y una de surf?

*Si te caes de la tabla de de surf, haces SPLASH, si te caes de la de skate haces CRASH.*

¿Si un avión cae al agua, cómo se hace para enterrar a los sobrevivientes?

*Es mejor no enterrarlos. Los sobrevivientes están vivos.*

¿Qué le dijo el sifón al vino?

*Shhhhhh.*

¿Cuál es la ópera del pobre?

*La ducha.*

¿Quién diablos está cantando allí en la ducha?

*Un objeto cantador no identificado.*

176

¿Qué puede hacer un sapo azul con un paraguas azul en una isla desierta donde nunca llueve?

*Usarlo como sombrilla.*


¿Cuál es la parte más profunda de un lago?
*El fondo.*

177

¿Donde duermen los ríos?
*En los lechos de los ríos.*


¿Qué es lo que nunca se volverá más húmedo, aunque llueva un siglo entero?
*El océano.*


¿Qué es lo que no entienden los cangrejos?
*Por qué todos los demás caminan para adelante, con lo fácil que es andar de lado.*

¿Por qué el mar siempre está de moda?
*Por la nueva ola.*


¿Por qué el Mar Caribe está tan picado?
*Porque en sus orillas hay millones de mos-*
*quitos.*


Un excursionista se cayó de su canoa al medio del lago. No nadó ni se hundió. ¿Cómo pudo ser?
*Flotó.*


¿Qué necesita una rana para poder nadar?
*Nada, ya nada.*


¿Por qué la ostra se fue a andar a caballo, a cenar con un montón de amigos y después a bailar hasta la madrugada?
*Porque en el fondo del mar se había esta-*
*do aburriendo como una ostra.*

¿Qué se puede hacer si uno tiene agua en las rodillas, agua en los codos y agua en el cerebro?

*Salir de la ducha.*

¿Por qué el perro no se mojó cuando se cayó en la piscina?

*Porque estaba sin agua.*

¿Qué decía el borracho mientras se ahogaba?
*"El vino nunca me hubiera hecho esta maldad."*

¿Por qué aquel hombre no se mojó el pelo cuando se metió, sin gorro de baño ni nada, en la piscina?
*Era calvo.*

¿Qué animales sobrevivieron al Diluvio aunque no entraron en el Arca de Noé?

*Las ballenas, los delfines y los peces.*

# 16. Viaje a las estrellas

¿Dónde estaba el marciano distraído?
*En la Luna.*

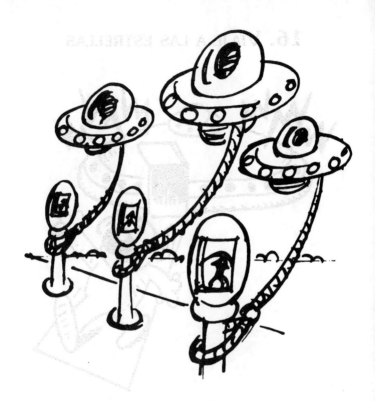

¿Cómo se hace para dejar un platillo volador en un parquímetro?

*Uno, conseguir el platillo; dos, fichas.*

¿Cuál es el problema de comer en un platillo volador?

*Hay que mantenerse volando cerca del platillo.*

¿Quién da la vuelta al mundo sin gastar una gota de combustible?

*La luna.*

¿Por qué el reloj dejó de funcionar al caer la noche?

*Era un reloj de sol.*

¿Qué hace el sol después de dormir una noche entera?

*Se levanta.*

¿Cómo hacía aquel hombre para andar por el espacio sin salir de su propia casa?

*Dejaba que la Tierra lo llevara.*

¿Cómo se ajustan los pantalones los astronautas?

*Con el cinturón de asteroides.*

¿Cuál es el secreto para ser un astronauta feliz?

*No mirar para abajo.*

¿Por qué el astronauta tonto no quería partir sin un paraguas?

*Por las lluvias de meteoros.*

¿Qué hizo el astrónomo tonto para ver más estrellas?

*Se golpeó la cabeza contra el telescopio.*

¿Qué aspecto tenía el astronauta después de diez días en que la ducha de la nave estuvo rota?

*Un aspecto desastronautoso.*

¿Qué hay en medio del cielo?

*Una letra "e".*

¿Cómo se puede ir al Planeta de los Simios?
*En una banana espacial.*

¿Por qué se equivocaba el astronauta cuando llegó a la Luna y dijo que no había vida allí?
*Porque sí había – estaba él.*

¿Cuál es el planeta casado?
   *Saturno, porque usa anillo.*


¿Cuáles fueron los jóvenes aviadores que sacaron mejores notas?
   *Los que no estaban en las nubes.*

¿Qué es verde con una cinta roja y viene de otro planeta?

*Un marciano envuelto para regalo.*

# 17. En el Camino

¿Por qué la ruta está rota?
*Porque le cambiaron una letra.*

¿Qué diferencia hay entre un camino y un camión?
*El orden de las letras.*

192

## CRUZANDO LA CARRETERA

¿Cómo se llama a una gallina que cruza la carretera sin mirar para los dos lados?
*Cadáver de gallina.*

¿Por qué el elefante cruzó la carretera?
*Para mostrar que no era un gallina.*

¿Por qué el manco cruzó la carretera?
*Quería tomar la otra mano.*

¿Qué tiene dos brazos, dos alas, dos colas, tres cabezas, un sombrero, tres cuerpos, dos piernas y seis patas?

*Un cowboy a caballo con una gallina bajo el brazo.*

## CRUZANDO LA CARRETERA

¿Por qué la gallina cruzó la carretera corriendo?
  *Porque no volaba.*

¿Por qué el pato cruzó la carretera?
  *Era el día libre de las gallinas.*

¿Cuál fue el televisor que cruzó la carretera sin mirar para los dos lados?
  *El extra-plano.*

¿Por qué a los gatos les gustan los coches lujosos?

*Para que no se diga que son unos pobres gatos.*

¿En qué caso quedarse significa caminar?
*Quedarse sin combustible.*

¿Qué equipamiento necesita un coche llorón?
*Pañuelos limpiaparabrisas.*

¿Qué cosa es verde y tiene un futuro negro?
*Una rana en una playa de estacionamiento muy concurrida.*

¿Para qué serviría tener un coche saltarín?
*Para saltar los pozos de la carretera.*

¿Cómo se puede evitar que un perro ladre en el asiento de al lado del conductor?
*Pasarlo al asiento de atrás.*

¿Cómo entran un elefante, un cerdo, un tigre y un hipopótamo en un Renault 4?
*Cada uno por una puerta.*

## LOS ELEFANTES VAN AL CINE

¿Cómo se puede meter cuatro elefantes en un mini-Cooper color verde?

*Dos adelante y dos atrás.*

¿Como se sabe a qué cine fueron los elefantes?

*Porque está el mini-Cooper color verde esperándolos en la puerta.*

199

¿Qué coche prefieren las estrellas del rock´n roll?

*El rock´n Rolls Royce.*

¿Por qué el conductor tonto usó una liebre para cambiar una rueda?

*Porque le dieron liebre por gato.*

¿Por qué el conductor le pegó un tiro al automóvil?

*Quería ponerlo a punto muerto.*

¿Qué coche lanza más lejos una piedra?
*Un Honda.*

¿En qué vehículo se fueron de excursión los fantasmitas?

*En autoBUUUUs.*

¿Qué tiene ciudades sin casas, ríos sin agua y montañas sin piedras?

*Un mapa.*

Un caminante anduvo siete días sin dormir y no estaba cansado ¿Cómo hizo?

*Dormía de noche.*

¿Cómo cruzaron los caminantes el bosque de las setas venenosas?
*Caminando.*

¿Cómo se visten los caminantes en las frías mañanas de invierno?
*Rápido.*

¿Qué dijo el caminante que se sentó sobre un puercoespín?
*Ay.*

¿Qué tiene cuatro ruedas y cola y baja rugiendo por la autopista?

*Un león en un skateboard.*

# 18. Juego limpio

¿Por qué el dinosaurio fue al gimnasio con zapatillas Adidas?

*Porque sus Reebok estaban sucias.*

¿Qué necesita una brújula para jugar al croquet?

*Árculos de metal y palos de madérula.*


En béisbol ¿cuál es la diferencia entre una pelota lenta y una rápida?

*Es la diferencia entre un chichón y un cráneo fracturado.*

¿Qué se obtiene si se cruza un jugador de fútbol con el hombre invisible?

*Una jugada que nunca se había visto.*

¿Por qué los elefantes usan zapatillas azules?

*Porque las blancas se les ensucian enseguida.*

¿Cómo se puede evitar que al elefante se le ensucien las zapatillas?

*No ponerle zapatillas.*

¿A qué se puede jugar con una bola agujereada?

*Al bowling.*

¿Por qué a E.T. le gusta tanto el bowling?

*Porque las bolas tienen justo tres agujeros para sus tres dedos.*

¿Qué se puede hacer con las bolas de bowling viejas?

*Dárselas a los elefantes para que jueguen al golf.*

208

¿Qué hace GNIP-GNOP, GNIP-GNOP, GNIP-GNOP?

*Una pelota de ping pong saltando de adelante para atrás.*


¿Qué regalo provoca un montón de patadas?

*Una pelota de fútbol.*


¿Qué tiene 22 piernas y hace CRUNCH-CRUNCH-CRUNCH-CRUNCH?

*Un equipo de fúbtol comiendo una bolsa de patatas fritas.*


¿Qué dirías que le pasa a un monstruo que se come un equipo de fútbol entero?

*Tiene bastante hambre.*


¿Qué efecto puede tener un equipo de rugby pasando por encima tuyo?

*Un efecto aplastante.*

¿Qué vehículo te hará falta si un equipo de fútbol americano te pasa por encima?
*Una ambulancia.*

¿Qué le dijo el entrenador al equipo de zombies?
*"¡Quiero un juego más vivo!"*

¿A qué tendrías que renunciar si fueses la última persona del planeta?

*A los deportes de equipo.*


El equipo de básquet se encontró con el de fútbol ¿Qué hora era?

*Cinco y once.*


¿Qué es mejor: que a uno lo empuje un jugador de rugby de 120 kilos o un luchador de ese mismo peso?

*Mejor que se empujen entre ellos.*


¿Cómo hizo el piojo para que lo aceptaran en el equipo de básquet?

*Mintió sobre su altura.*


¿Qué dijo un jugador de básquet altísimo cuando se encontró con otro jugador de básquet altísimo?

*"Qué pequeño es el mundo, ¿verdad?"*

¿Para qué se entrenaban las gallinas?
*Para ser campeonas de peso pluma.*

# ¡QUÉ ALTOS SON LOS JUGADORES DE BÁSQUET!

¿Cómo de altos?

*Era tan alto que para afeitarse tenía que subirse a una escalera.*

*Era tan alto que para poner las manos en los bolsillos tenía que agacharse.*

*Era tan alto que los pies le llegaban hasta el suelo.*

¿Qué leen los jugadores de básquet en su tiempo libre?

*Alta literatura.*

¿Qué es negro y blanco, pero tirando a rojo?
*Un pingüino que acaba de hacer cien flexiones.*

215

¿Cuál es el colmo de un nadador?
*Ahogarse en un vaso de agua.*

¿Cómo te darías cuenta si hubiera un equipo de rugby entero en tu bañera?
*Te costaría bastante correr la cortina.*

¿Cómo se sabe que los árbitros de fútbol son felices?

*Porque silban mientras trabajan.*


¿Qué jugador de fútbol americano usa el casco más grande?

*El que tiene la cabeza más grande.*


¿Por qué el jabalí adelgazó tanto?

*Para gustarle a la jabalina.*


¿En qué deporte olímpico se destacan las Spice Girls?

*Lanzamiento de disco.*


Un campeón de salto, ¿puede saltar más alto que una casa?

*Sí. Las casas no saltan.*

¿Quién anda sobre el hielo y lanza fuego?
*Un dragón haciendo patinaje sobre hielo.*

218

¿Qué tiene dos alas pero no vuela?
*Un equipo de hockey.*

¿Qué les pasa a los esquiadores cuando se ponen muy viejos?
*Esquiar se les hace cuesta arriba.*

# 19. Atascado
## EN LA AUTOPISTA INFORMÁTICA

¿Hay algo peor que la caída de una computadora?

*Que se caiga todo el sistema.*

¿Cuál es el cómputo digital más sencillo?

*Contar con los dedos.*


¿Donde guardan su dinero las calculadoras?

*En los bancos de datos.*


¿Por qué aquel tonto puso un queso cerca de su PC?

*Para alimentar al ratón.*


¿En qué se parece un teléfono a la matemática?

*Si cometes un error, te da un número equivocado.*

¿Por qué el granjero puso una calculadora en el gallinero?

*Para que los pollos se multiplicaran más rápido.*

¿Qué ritmo prefieren los matemáticos?

*El loga-ritmo.*

¿Por qué el matemático se puso a desenterrar un árbol?

*Para sacar la raíz cuadrada.*

222

guardián del zoológico cuando
on si el hipopótamo aquel era
bra?
vida privada no me meto."

¿Por qué las bacterias son muy raras desde
el punto de vista matemático?
*Porque se multiplican dividiéndose.*

¿Qué se obtiene cruzando un elefante con una
enciclopedia en CD Rom?
*Un sabelotodo de cinco toneladas.*

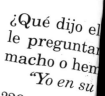

¿Qué se obtiene si mezcla un atleta olímpico y un programador informático?

*Un campeón de lanzamiento de disco duro.*

**20. DE TO**

¿Qué les dice
a los pasajer
*Zubenpu*

¿Qué era lo
*Seis.*

¿Qué dijo el
le preguntar
macho o hem
*"Yo en su*

226

¿Por qué al estafador lo llamaban aguarrás?
*Porque parecía solvente, y no lo era.*

¿Por qué la foca se enojó con la lámpara de pie?
*Porque le había robado el foquito.*

¿Cómo se dice "suegra" en ruso?
*"Storba".*

¿Cuál es el colmo de un tornillo?
*Pasarse de rosca.*

Tiene cuartos, pero no es una casa; tiene una media, pero ningún zapato ¿Quién es?
*La hora.*

¿Cómo quedó la campana después de sonar doce veces?
*Tan campante*

Lo mandó a paseo y encima le quería cobrar. ¿Quién le hizo eso?
*El agente de viajes.*

¿Por qué el borracho buscaba sus llaves bajo el farol de la esquina, si las había perdido bastante más allá?
*Porque más allá no tenía buena luz.*

¿En que se parecen una gallin y un actor desmemoriado?

*A los dos les falta letra.*

¿Por qué la mosca hacía buenos negocios?

*Porque tenía mucho ojo.*

¿Por qué los esqueletos hacen tantas maldades?

*Porque no tienen corazón.*

¿Qué le pasa al elefante, que está estornudando tanto?

*Mejor no te acerques a preguntar.*

¿Qué contestó el dueño del gato cuando le preguntaron: "¿Araña?"?
*"No, gato."*

¿Cuál es el colmo del ridículo?
*Que los propios zapatos le saquen a uno la lengüeta.*

¿Cuál es el colmo de un forzudo?
*Doblar la esquina*

¿Cuál es el colmo de un carpintero?
*Aserrar la tabla de multiplicar.*

¿Cómo llaman a las cigüeñas en África?
*No las llaman, van solas.*

¿Por qué los perezosos son perezosos?
*Porque les da pereza ser otra cosa.*

¿Por qué en ese cine todas las películas eran de terror?

*Por el precio de las entradas.*

Por qué la manzana se va tan rápido?

*Porque no es-pera.*

¿Quién se cortó sin caerse ni usar nada afilado?

*La leche.*

¿Quién tiene dientes sin tener boca, y cabeza sin tener cuerpo?

*El ajo.*

¿Cuantas monas tiene el mono?

*Una: es mono-gamo.*

¿Qué le dijo una mosca tsé-tsé a la otra, que era muy aburrida?

*"De sólo verte ya me da sueño."*

¿Qué hacen los genes humanos?

*Gen-te.*

¿En qué se parecen una hormiga y un elefante?

*En que los dos empiezan con hache.*

Pero el elefante no empieza con hache.

*Sí, porque se llama Hugo.*

¿Puedes meterte en una botella?

*No.*

Yo sí. Preparo té y lo meto en la botella.

¿Por qué el hipopótamo y la hipótama se volvieron a casar después de haberse divorciado?

*El divorcio no funcionó.*

¿Cómo se hace para meterse en un frasquito?
*Primero hay que meter la cabeza.*

234

¿Cómo se pueden meter 41 cabezas en una cajita?

Paso 1, comprar una cajita de fósforos.
Paso 2, agregarle un fósforo.

¿Con quien jugaba al póquer el pobre náufrago de la isla desierta?

Con los otros tres que habían naufragado con él.

¿Qué le dijo el padre al hijo, después de enseñarle a hablar y caminar?
*"Ahora cállate y quédate quieto."*

¿Qué hace el rey de la selva cuando trata de lanzar un rugido y le sale un ruidito ridículo?
*Un pape-león.*

236

¿Por qué Donald es inteligente?
*Porque no es un ganso.*

¿Cual es el deporte preferido del cigarrillo?
*La vicio-cleta.*

¿Por qué el gato Carlos le tocaba una sere-
nata a la gata Carlota?
*Porque la tigresa era muy grande para él.*

¿Cuáles son los juegos favoritos de las arañas?
*Los juegos en red.*

¿Por qué el pintor expuso solamente un círculo con cuatro agujeros?
*Porque para muestra basta un botón.*

¿Qué es peor que una orquesta donde los músicos no empiezan todos al mismo tiempo?
*Una orquesta donde cada uno toca una pieza distinta.*

¿Por qué a Drácula lo echaron del Club de Zombies, Momias y Vampiros?
*Por hacerse el vivo.*

¿Por qué aquel hombre decía que si él estaba vivo era gracias a los medicamentos?
*Porque era farmacéutico.*

¿Quién llega a cabo sin ser soldado?
  *La vela.*

Por qué se paga tan poco por los peros?
  *Porque no hay pero que valga.*

¿Qué cosa puede ser blanca o ser negra, picar pero no morder?
  *La pimienta.*

¿Por qué aquel pegamento no servía?
*Porque no pegaba ni con cola.*

¿Qué le dijo la cerilla al cigarrillo?
*"Amor, me haces perder la cabeza."*

¿Qué le dijo la estufa al ventilador?
*"¿Por qué te das tantos aires?"*

¿Por qué el perro buscaba lo que ya tenía?
*Tenía pulgas.*

¿Cuál es el papá más colorido?
*El papa-gayo*

¿Cuál es el papá más distraído?
*El papa-natas.*

¿Qué dijo el toro cuando lo desafiaron?
*Ni mú.*

¿Qué preguntó el tonto cuando entró al negocio de antigüedades?

"*¿Qué hay de nuevo?*"

¿Qué dijo el artillero cuando le preguntaron cómo andaba?

"*Voy tirando.*"

¿Cuándo es que una estrella habla?
*Cuando es una estrella de cine.*

¿Cómo es la palabra que tiene cinco "íes"?
*Dificilísima.*

¿Cuáles son los granos que menos pican?
*Los de arroz.*

¿Cuál es el punto de vista del caprichoso?
*El obtusángulo.*

Había una vez ¿qué?
*Truz.*

¿Qué hace la abuela en el teléfono?
*Haga lo que haga, debe estar incómoda.*

¿Qué le dijo un pie al otro?
*"Adelante, que yo te sigo."*

¿Cuál es el hipo más molesto para tener en una casa?

*El hipo-pótamo.*

¿Por qué el rey de ajedrez estaba tan nervioso?

*Al darle jaque, lo sacaron de sus casillas.*

¿Por qué al punto lo llevaron a enterrar?
*Había llegado a punto muerto.*


¿Cuál es el gramo que no pesa nada?
*El paralelo-gramo.*


¿Qué tipo de disco hace cuá-cuá?
*El disco con-pato (compacto).*


¿Qué reloj da bien la hora dos veces por día?
*El que no anda.*


¿Donde compraba vino el borracho?
*En el hip-ermercado.*


¿Qué le dijo el caramelo a su novia?
*Estás hecha un bombón.*


¿Cuándo una persona que ronca no molesta?
*Cuando duerme sola.*

244

¿Por qué el príncipe árabe ganaba al ajedrez?
  *Porque siempre daba "jeque" mate.*

¿Cual es el hipo con el que algunos ganan y otros pierden?
  *El hipo-dromo.*

¿Qué dijo el monje cuando le contaron que la hermana Clarita había sido arrestada?

"¡Oh, Dios, que sor-presa!"

¿Quién se enojó cuando le quitaron las esposas?

El jeque árabe.

¿Para qué llevó el tonto un serrucho al casino?

*Para cortar la mala racha.*


¿Por qué la monja conversaba tan poquito?
*Porque era sor-domuda.*


¿Qué pasa si se pone una zorra al revés?
*Arroz.*


¿Cuál es el colmo del escritor indeciso?
*Tener un lápiz con una goma en cada punta.*


¿Cómo se puede hacer para que el pescado no huela?
*Taparle la nariz.*


¿Cómo es la música del acordeón?
*Muy "plegadiza".*

¿Hay algo más horrible que ver a tu mejor amigo comiéndose una rata?

*Sí: ver a una rata comiéndose a tu mejor amigo.*

¿Cómo hizo el padre para saber dónde estaba el skateboard de su hijo?

*Apagó las luces y se puso a caminar por la casa.*

¿Qué sale si cruzas un tigre con un loro?

*No sé, pero cuando eso hable, mejor te callas.*

¿Qué es algo y nada a la vez?

*El pez.*

¿Qué se obtiene si se cruza un caballo, un pez, un terreno sin casas y un hombre con hipo?

*Un hipocampo.*

¿Qué clase de pato no tiene plumas ni pico?

*El za-pato.*

¿Cuál es el colmo de un encuestado?
*No saber si contesta o no contesta.*

¿Qué le dijo el guiso al pimentón?
*No me hagas poner colorado.*

¿Qué crema se les pone a los blue-jeans?
*Crema-llera.*

Tenía un nudo en la garganta pero no estaba angustiado. ¿Por qué?
*Tenía puesta una corbata.*

¿Para que iban todos los muertos a la discoteca?
*A mover el esqueleto.*

¿Qué le dijo una oreja a la otra?
*"Pidámosle a la cabeza que se mueva, porque no te veo."*

¿Qué le dijo un ojo del bizco al otro?
*"¿Qué tengo de raro que me miras tanto?"*

¿Por qué el pie se disgustó con el zapato?
*Porque el zapato siempre lo ponía en
aprietos.*


¿Por qué el esquimal enamorado fue a visi-
tar a su novia con un martillo?
*Para romper el hielo.*

252

¿Qué le dijo el reloj al tiempo?
*"No me apures más, no tengo más que dos manecillas."*

¿Qué le dijo la olla a la sartén?
*"Anda a freír churros."*

¿Qué le dijo la peseta al marco alemán?
   *"¿Por qué no eres más franco conmigo?"*


¿Qué le dijo un soldadito de juguete al otro?
   *"Tú sí que eres un plomo."*


¿Cual es el proyectil completamente reciclable?
   *El bumerán.*


¿Qué tiene tres ojos, cinco puntas, dos filos y un tornillo?
   *Una tijera, un hilo y una aguja.*


¿Qué se puede hacer con dos cosas de veinte centímetros y una de cincuenta metros?
   *Tejer.*


¿Quién es el más autoritario de la oración?
   *El punto, porque siempre se queda con la última palabra.*

¿Quién abre cabeza abajo y cierra cabeza arriba?

*El signo de pregunta (abre y cierra la interrogación).*

¿Porque aquella mujer cuanto más leía más engordaba?

*Porque cada vez que veía una coma, hacía caso, y comía.*

Se terminó de imprimir en noviembre de 2006
en los talleres gráficos de Edigraf S.A.
Delgado 834 (1426) Buenos Aires
Argentina